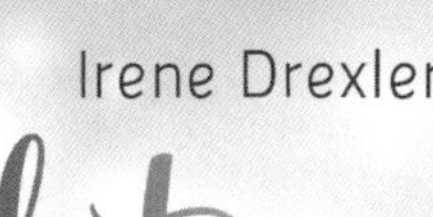

Irene Drexler

Bachblüten-Botschaften

Wie die Seelenpflanzen dir helfen

Anleitung zu den 39 Karten

Die Inhalte dieses Begleithefts sind sorgfältig erwogen und geprüft. Sie bieten jedoch keinen Ersatz für kompetenten medizinischen Rat. Alle Angaben in diesem Buch erfolgen daher ohne Gewährleistung oder Garantie seitens der Autorin oder des Verlages. Eine Haftung der Autorin bzw. des Verlages und seiner Beauftragten für Personen-, Sach- und Vermögensschäden ist ausgeschlossen.

ISBN 978-3-8434-9229-4

Irene Drexler
Bachblüten-Botschaften
Wie die Seelenpflanzen dir helfen

Neuausgabe – 1. Auflage Mai 2024

Layout von Box, Karten & Anleitung: Michael Dulaney & Silja Bernspitz, Schirner, unter Verwendung von Illustrationen von Irene Drexler
Illustrationen: © Irene Drexler
Lektorat: Rudolf Scholz & Claudia Simon, Schirner
Printed & bound by: Ren Medien GmbH, Germany

www.schirner.com

Inhalt

Einleitung

Ich bin immer wieder aufs Neue von den 37 Bachblüten – zu denen bekanntlich noch eine Essenz aus Heilquellwasser sowie die Mischung für Notfälle hinzukommen – begeistert, die Dr. Edward Bach (1886–1936) einst für seine Blütenessenzen auswählte. Dank ihm wissen wir, dass die feinstoffliche Ausstrahlung dieser Blüten auf bestimmte Gemütszustände wirkt und uns hilft, unsere Schwächen zu überwinden und unsere Stärken zu mobilisieren. So können wir uns mit diesen sanften Mitteln in allen Lebenslagen selbst weiterhelfen.

Es war meine Intention, auf den Kartenbildern der »Bachblüten-Botschaften« nicht nur die äußere Form der Bachblüten darzustellen, sondern auch ihre innere Wesensart. Um Verstand und Gefühle gleichermaßen anzusprechen, habe ich ihnen kleine Feen zur Seite gestellt. Jede Fee macht die Qualität ihrer Blüte als positive Botschaft sichtbar und schafft eine aufgelockerte, heitere Stimmung. Dadurch wird uns als Betrachtern das Umsetzen der Impulse erleichtert.

Die Blüten-Botschaft im Bild

Die Fee greift die heilsamen Blütenschwingungen auf und drückt die entsprechenden positiven Gefühle mit bestimmten Gesten aus. Durch die Ausstrahlung der Fee, der Blüten und der Farben erhältst du sanfte Impulse. Diese können dazu beitragen, dass du in Balance kommst und deine Kräfte wiedererlangst.

Die Blüten-Botschaft im Text

Jede der Botschaften bringt dich intuitiv sowohl mit deinen negativen Gemütszuständen als auch mit deinen Fähigkeiten und Stärken in Kontakt. Nimmst du die harmonisierende Blütenenergie in dich auf, so wirst du dich selbst liebevoll akzeptieren und dir deine schwierigen Seiten eingestehen und sie umwandeln können. Damit du an deine Gefühle besser herankommst, lädt dich die Fee ein, an jene Gebärden, die sie im Bild zeigt, mit eigenen Bewegungen anzuschließen. Und natürlich kannst du die dazugehörige Affirmation begleitend aussprechen.

Die Karten helfen dir, wenn du …

… intuitiv herausfinden willst, welche Bachblüten du im Moment brauchst, sei es als visuelle Hilfe oder als Blütenessenz. Stimme dich auf dein inneres Wissen ein, und ziehe einige Karten (höchstens sieben, besser weniger). *Cerato* (5) z. B. unterstützt dich darin, deiner Intuition zu trauen, *Rescue Remedy* (39) hilft schnell bei kleinen und großen Notfällen.

… um eine unterstützende Kraft für anstehende Entscheidungen bittest.

… nach Hinweisen fragst, welches Verhalten deine Gesundheit, deine Erfolgschancen, deine Beziehungen oder andere Aspekte deines Lebens verbessern hilft.

… mit Orakelkarten arbeitest, z. B. mit einer Drei-Karten-Legemethode: Die erste Karte zeigt dir den hilfreichen Impuls, die zweite, welchen Widerstand du lösen könntest, die dritte einen Rat für deinen nächsten Schritt.

… dir wünschst, eine schlechte Stimmung oder Kopfbetonung abzustreifen. Nimm eine Karte, lasse dich durch das Bild ansprechen, trösten, ermutigen, aufheitern usw.

… meditierst.

… Kinder anregen möchtest, ihren Kummer ohne viele Worte mitzuteilen.

… auch im Erwachsenen das Kind zu berühren suchst.

… experimentieren möchtest, wie sich die Blütenschwingung einer Karte anfühlt, wenn sie mit der Energie eines bestimmten Chakras in Kontakt kommt.

… die Atmosphäre um dich herum ausgleichen möchtest, indem du eine Karte sichtbar aufstellst (oder – für den persönlichen Gebrauch – vergrößert an eine Wand hängst).

… Informationen übertragen willst, z. B. auf Wasser oder Lebensmittel für mehr Bekömmlichkeit, auf Pflanzen für besseres Wachstum usw.

… eine Aufstellung machen willst. Dann kannst du einzelne Karten als symbolische Stellvertreter nutzen.

Probiere aus, was für dich am besten passt. Vielleicht findest du auch noch weitere Anwendungsmöglichkeiten für die Bachblüten-Botschaften. Lasse dich inspirieren!

Alles Liebe wünscht dir

Irene Drexler

1 Agrimony, Odermennig, Agrimonia eupatoria

Blütenbotschaft:

Offenheit

»Du überspielst Probleme und Sorgen äußerlich mit Humor und Ablenkung, doch du fühlst dich innerlich angespannt? *Agrimony* bringt dir Frieden, verkörpert durch die glockenturmähnlich blühende Blume, die eine ruhige Melodie zu verbreiten scheint. In gelassener Atmosphäre fällt es dir leichter, dich zu öffnen, aufrichtig für dich einzustehen und dich Konflikten zu stellen.« Die Fee lädt dich ein, deine Arme weit zu öffnen und wieder zu schließen und anschließend dieser Bewegung nachzuspüren.

Affirmation: Ich bin offen und aufrichtig.

2 Aspen, Zitterpappel, Populus tremula

Blütenbotschaft:

Geborgenheit

»Der Baum mit seinen ›zitternden‹ Blättern und pelzigen grau-rötlichen Kätzchen steht für Sensibilität. Du leidest unter deiner Empfindsamkeit und unerklärlichen vagen Ängsten. *Aspen* hilft dir, mit deiner Feinfühligkeit besser zurechtzukommen und dich gut beschützt und sicher zu fühlen.« Die Fee lädt dich ein, auch in dir selbst Rückhalt zu spüren: Hülle dich in eine Decke, lehne dich an, und wiege dich sanft hin und her.

Affirmation: Ich bin sicher und geborgen.

3 Beech, Rotbuche, Fagus sylvatica

Blütenbotschaft:

Einfühlungsvermögen

»Die feinen Maiblätter und zarten Blüten der Buche sind schön und formvollendet. Genau auf das Gegenteil achtest du in deiner Umwelt. Du empfindest vieles als störend und unschön und verlierst dich darin, die Mängel und Eigenarten anderer zu kritisieren. *Beech* hilft dir, tolerant und großzügig zu sein. Dann entdeckst du überall Gutes.« Die Fee lädt dich ein, achtsam die Details um dich herum wahrzunehmen und die Dinge einfach so sein zu lassen, wie sie sind.

Affirmation: Ich kann alles gelten lassen.

4 Centaury, Tausendgüldenkraut, Centaurium umbellatum

Blütenbotschaft:
Selbstbehauptung

»Leuchtendrosa Blüten an hochragenden Stängeln signalisieren: Behaupte dich! *Centaury* hilft dir, deine eigenen Bedürfnisse und Aufgaben wichtig zu nehmen, auch wenn du gern für andere da bist. So lernst du, auf angemessene Weise Nein zu sagen und dich nicht gleich unterzuordnen.« Die Fee lädt dich ein, deinen eigenen Raum zu erspüren und anderen deine Grenzen zu zeigen.

Affirmation: Ich bin ganz ich – frei und stark.

5 Cerato, Bleiwurz, Ceratostigma willmottianum

Blütenbotschaft:
Inneres Wissen

»Das leuchtende Blau der Blüten kündet von Weisheit, die Farbe Purpur von Dynamik. Aufgrund dieser Eigenschaften stärkt dich *Cerato* auf seelischer Ebene. Du kannst deiner Intuition trauen und selbstbewusst Entscheidungen treffen und musst dann nicht mehr bei anderen Rat und Bestätigung suchen.« Die Fee lädt dich ein, einige Schritte zu gehen und dabei so auf deine Bewegungen zu achten, als würdest du sie zum ersten Mal ausführen und erleben.

Affirmation: Ich folge meiner inneren Stimme.

6 Cherry Plum, Kirschpflaume, Prunus cerasifera

Blütenbotschaft:
Entspannung

»Im März nach den Winterstürmen zaubern die weißen Blüten eine friedliche Stimmung. Diesen Zauber bewirkt *Cherry Plum* auch in dir. Der Druck von aufgestauten Gefühlen löst sich. Anstelle der Angst vor unkontrollierten Ausbrüchen entsteht ein Gefühl von Weite. Du kannst nun alle Emotionen zulassen und angemessen äußern.« Die Fee lädt dich ein, durch den Raum zu gehen und dabei Füße, Beine, Arme und Hände bewusst zu bewegen.

Affirmation: Ich bin innerlich entspannt.

7 Chestnut Bud, Kastanienknospe, Aesculus hippocastanum

Blütenbotschaft:

Begreifen

»In *Chestnut Bud* steckt die kraftvolle Energie der aufspringenden Knospe. Sie kann dir helfen, wenn du nicht weiterkommst und die gleichen Fehler mehrmals wiederholst. Du wirst aufmerksamer und bist mehr bei der Sache, begreifst Zusammenhänge und wirst neugierig darauf, was du dazulernen kannst.« Die Fee lädt dich ein, die Dinge in deiner Umgebung so wahrzunehmen, als würdest du sie gerade erst entdecken.

Affirmation: Ich nehme meine Erfahrungen an.

8 Chicory, Wegwarte, Cichorium intybus

Blütenbotschaft:

Mitgefühl

»Du bist sehr fürsorglich und hilfsbereit, greifst auch ungefragt ein, doch du brauchst Dank und Gegenleistungen?

Chicory hilft dir, selbstlos zu geben. Das Blau der Blüten drückt diese Hingabe aus. Dann fühlst du mit dem anderen mit und weißt, ob ›helfen‹ oder ›Distanz wahren‹ angemessener ist. Jeder darf seine eigenen Erfahrungen machen.« Die Fee lädt dich ein, deine Umgebung freundlich zu betrachten und dabei auf jeglichen Kontrollwillen zu verzichten.

Affirmation: Ich lasse liebevoll los.

9 Clematis, Weiße Waldrebe, Clematis vitalba

Blütenbotschaft:

Bewusstes Wahrnehmen

»Die Lianen klettern mithilfe der rankenden Blattstiele hoch hinauf, sodass alles mit Blüten eingehüllt wird. *Clematis* verankert dich in der Gegenwart und gibt dir Halt, du fühlst dich wieder geerdet, wach und motiviert. Du flüchtest nicht mehr aus der Realität in Tag- oder Zukunftsträume.« Die Fee lädt dich ein, deine Füße fest auf den Boden zu stellen, dich hin und her zu wiegen und bewusst wahrzunehmen.

Affirmation: Ich bin ganz im Hier und Jetzt.

10 Crab Apple, Holzapfel, Malus sylvestris

Blütenbotschaft:

Selbstbejahung

»Wenn du äußerlich wie innerlich von Schmutz und Unordnung angewidert bist, hilft dir *Crab Apple*, die Reinigungsblüte. Unzählige rosa Knospen und weiße Blüten verströmen im Mai Frische und Großzügigkeit. Diese Schwingungen nimmst du auf. Du kannst wieder liebevoll zu dir selbst Ja sagen.« Die Fee lädt dich ein, dich selbst zu umarmen.

Affirmation: Ich fühle mich wohl in meiner Haut.

11 Elm, Ulme, Ulmus procera

Blütenbotschaft:

Zuversicht

»Kleine rot-grüne Blütenkugeln an den kahlen Zweigen beweisen im frühen März Mut und Vertrauen. Lasse dich von *Elm* unterstützen, wenn du plötzlich an dir zweifelst und dich überfordert fühlst, obwohl du sonst deine Aufgaben gut bewältigen kannst.« Die Fee lädt dich ein, dich anzulehnen und zu spüren, wie du im Rücken gestützt wirst und wie Kraft in deine Arme und Beine fließt.

Affirmation: Ich bin zuversichtlich und handle.

12 Gentian, Bitterer Enzian, Gentiana amarella

Blütenbotschaft:

Optimismus

»Erst im August blühen die aufragenden Büschel voller rotvioletter Trompeten. Sie verkünden, dass es nie zu spät ist. Lasse dich nicht durch Hindernisse und Rückschritte entmutigen. *Gentian* hilft dir dabei, deine Herausforderungen zu meistern.« Die Fee lädt dich ein, dich aufzurichten und nach oben zu strecken.

Affirmation: Ich glaube immer an eine Chance.

13 Gorse, Stechginster, Ulex europaeus

Blütenbotschaft:

Hoffnung

»*Gorse* erweckt deine Lebenskraft in der Weise wieder, wie im März der Dornenbusch des Ginsters die duftenden gelben Schmetterlingsblüten hervorbringt. Du kannst auch bei aussichtslos erscheinenden Situationen, Krisen oder Krankheit eine Besserung erreichen. Auf den neuen Versuch kommt es an.« Die Fee lädt dich ein, den Blick, den Kopf und die Arme zu heben und dir vorzustellen, wie du Helligkeit und Kraft einatmest.

Affirmation: Ich bin hoffnungsfroh.

14 Heather, Heidekraut, Calluna vulgaris

Blütenbotschaft:

Verständnis

»Die rosavioletten Blüten überziehen im Sommer weite Flächen der Landschaft. Du brauchst viel Raum und Aufmerksamkeit vonseiten deines Umfelds, damit du dich nicht einsam fühlst. *Heather* unterstützt dich dabei, in deine Mitte zu kommen. Dann wirst du dir selbst gegenüber fürsorglicher und lernst zugleich, auf andere einzugehen.« Die Fee lädt dich ein, dich wie in Zeitlupe zu bewegen und dich währenddessen achtsam wahrzunehmen.

Affirmation: Ich verstehe mich und andere.

15 Holly, Stechpalme, Ilex aquifolium

Blütenbotschaft: Liebesfähigkeit

»Dornige Blätter schützen den Baum und die kleinen duftenden weißen Maiblüten. Hin und wieder machen dich Neid, Eifersucht, Wut oder Misstrauen gereizt und aggressiv. Öffne im Schutz von *Holly* dein Herz, um darin lichtvolle Gefühle, vor allem Liebe, zu finden. Dann kannst du Kämpfe mit dir selbst und mit anderen beilegen und Frieden schließen.« Die Fee lädt dich ein, die Willkommensgeste auszuführen: Breite deine Arme aus, und führe die Hände vor deinem Körper zusammen.

Affirmation: Ich bin offenherzig und liebevoll.

16 Honeysuckle, Geißblatt, Lonicera caprifolium

Blütenbotschaft:

Vergangenes sein lassen

»*Honeysuckle* regt dich dazu an, deine innere Bindung an die Vergangenheit, z. B. wehmütige Erinnerungen und Trauer, zu lösen, damit du deine Möglichkeiten in der Gegenwart erkennst. Diese Kraft wird durch die dynamischen roten Blütenquirle am süß duftenden Kletterstrauch ausgedrückt.« Die Fee lädt dich ein, deine Haltung bewusst von einer zusammengesunkenen zu einer aufgerichteten zu wechseln.

Affirmation: Ich lasse Altes hinter mir.

17 Hornbeam, Hainbuche, Carpinus betulus

Blütenbotschaft:

Frischer Schwung

»Temperamentvoll wirken die feingliedrigen Aprilkätzchen, die Blüten mit gebogenen Flügeln und die Blätter in Form von Ziehharmonikas. Lasse dich von *Hornbeam* mitreißen, wenn du dich geistig erschöpft fühlst und nicht in die Gänge kommst. Dann kannst du alles, was ansteht, effektiv und konzentriert erledigen.« Die Fee lädt dich ein, dich rhythmisch vorwärtszubewegen.

Affirmation: Ich bin voller Energie.

18 Impatiens, Drüsentragendes Springkraut, Impatiens glandulifera

Blütenbotschaft:

Geduld

»Du selbst bist schnell und wirst anderen gegenüber, die langsamer sind als du, leicht ungeduldig. Dies macht dich gereizt und nervös. Ähnlich explosiv sind auch die Samenkapseln von *Impatiens,* doch von den grazilen zartrosa Blüten geht eine sanfte Schwingung aus. *Impatiens* schenkt dir innere Ruhe, in der du Gelassenheit entwickeln kannst.« Die Fee lädt dich ein, deine Umgebung durch sanftes Berühren zu erkunden und zu entdecken.

Affirmation: Ich bin geduldig und achtsam.

19 Larch, Lärche, Larix decidua

Blütenbotschaft:

Selbstvertrauen

»Die hängenden Zweige, weichen feinen Nadelbüschel und kleinen Aprilblüten lassen den Baum schwach wirken, doch er ist stark und widerstandsfähig. Trotz vieler Talente fühlst du dich minderwertig und hast Versagensängste. *Larch* unterstützt dich dabei, dir mehr zuzutrauen und deine Fähigkeiten zu entfalten.« Die Fee ermuntert dich, deine Kraft zu spüren, Schwung zu holen und unbeschwert kreuz und quer durch den Raum zu hüpfen.

Affirmation: Ich vertraue meiner Stärke.

20 Mimulus, Gefleckte Gauklerblume, Mimulus guttatus

Blütenbotschaft:

Mut

»Du bist ängstlich, fürchtest dich vor alltäglichen Dingen, Krankheit, Armut, Dunkelheit, dem Alleinsein und allem

Ungewohnten. *Mimulus* hilft dir, sowohl deine Empfindsamkeit zu akzeptieren als auch mutig voranzuschreiten. Sei so tapfer wie die gelbe Blume, die waghalsig am Bachufer Wurzeln schlägt.« Die Fee lädt dich ein, ein »Gehen – Abstoppen – Weitergehen« auszuprobieren.

Affirmation: Ich bin mutig.

21 Mustard, Ackersenf, Sinapis arvensis

Blütenbotschaft:

Erleichterung

»Das Gelb der Blütentrauben strahlt Fröhlichkeit aus. *Mustard* hilft dir, plötzlich kommende Schwermut zu überwinden. Die Last dunkler Verstimmungen gleitet von dir ab, und es wird um dich herum wieder heller.« Die Fee lädt dich ein, zunächst im Sitzen die Schwere zu spüren, dich dann zu erheben und dich leicht wie ein Schmetterling im Raum zu bewegen.

Affirmation: Ich bin von Licht erfüllt.

22 Oak, Stieleiche, Quercus robur

Blütenbotschaft:

Eine Auszeit nehmen

»Du bist sehr pflichtbewusst und ausdauernd, doch du verausgabst dich auch oft, weil du dich über Leistung definierst. Diesen robusten, aber harten Seelenzustand kann *Oak* erweichen. Die rundlich gelappten Blattränder, die bauchigen Früchte und baumelnden Kätzchen versinnbildlichen ein Pausieren. *Oak* hilft dir, zur rechten Zeit nachzugeben und somit deine Stärke zu bewahren.« Die Fee lädt dich ein, dich zu entspannen, z. B. indem du deine Schultern stark hochziehst und dann langsam wieder sinken lässt.

Affirmation: Ich kann mich zurücknehmen.

23 Olive, Ölbaum, Olea europaea

Blütenbotschaft:

Erholung

»Manchmal sind deine seelischen und körperlichen Reserven erschöpft. Dann bietet sich dir *Olive* als Kraftquelle für die Regeneration an. Die unverwüstlichen Bäume mit den silbrig glänzenden Blättern und weißen Blütenrispen schenken dir Vitalität.« Die Fee lädt dich ein, die Arme auszubreiten und dir vorzustellen, wie du Kraft in Empfang nimmst, die eigens für dich bereitgehalten worden ist.

Affirmation: Ich atme neue Kraft.

24 Pine, Kiefer, Pinus sylvestris

Blütenbotschaft:

Selbstakzeptanz

»Der herbe Duft der harzigen roten Rinde und langen Nadeln sowie der gelben und roten Blüten macht Kopf und Herz frei. Lasse dich auf *Pine* ein, wenn du dir oft Vorwürfe machst, die Schuld bei dir selbst suchst oder dich für etwaige Makel schämst. Es fällt dir dann leichter, Tatsachen als solche zu erkennen und dich wohlwollend anzunehmen.« Die Fee lädt dich ein, dich aufzurichten und tief ein- und wieder auszuatmen.

Affirmation: Ich akzeptiere mich so, wie ich bin.

25 Red Chestnut, Rote Kastanie, Aesculus carnea

Blütenbotschaft:

Positive Gedanken

»Machst du dir häufig Sorgen um andere und projizierst daher deine Ängste auf sie, so hilft dir *Red Chestnut.* Durch die Farbklänge der rosaroten Blütenrispen wird dein Herz angesprochen, und deine Gefühle beruhigen sich. Nun kannst du auch deinen Gedanken liebevoll positive Kraft geben.« Die Fee lädt dich ein, dich zu entspannen und präsent zu sein. Probiere einfach einmal aus, deinen Blick langsam von links nach rechts und wieder zurück wandern zu lassen.

Affirmation: Ich bin zuversichtlich und präsent.

26 Rock Rose, Sonnenröschen, Helianthemum nummularium

Blütenbotschaft: Schutz

»Nimm den Schutz an, der deine Seele immer umgibt, auch in akuter Not oder bei großen Ängsten bis hin zur Panik. *Rock Rose* verleiht dir Ruhe und Stabilität durch die Strahlkraft der kleinen goldgelben Blüten.« Die Fee lädt dich ein, dich anzulehnen und dir dann vorzustellen, dass du dein Gewicht überträgst und so Halt bekommst.

Affirmation: Ich bin innerlich gefestigt.

27 Rock Water, Wasser aus heilkräftigen Quellen

Blütenbotschaft:

Gelöstheit

»Womöglich kommt die Freude zu kurz, weil du sehr diszipliniert bist, z. B. stets an deinen Zielen und Regeln festhältst, um auf diese Weise vorbildlich und vielleicht gar perfekt zu wirken. Überlasse dich der Schwingung von *Rock Water.* Dann wirst du wieder frei für spielerische Momente.« Die Fee lädt dich ein, fließendes Wasser bewusst auf deiner Haut zu erleben.

Affirmation: Ich bin frei und gelöst.

28 Scleranthus, Einjähriges Knäuelkraut, Scleranthus annuus

Blütenbotschaft:

Gleichgewicht

»Die Blütenbüschel aus grünen Kelchblättern an den wirr verzweigten Trieben drücken den Wunsch aus, klar unterscheiden zu können. Du bist oft unentschlossen, schwankst zwischen zwei Dingen und bist unausgeglichen. Mit *Scleranthus* kommst du in Balance und findest das, was für dich richtig ist.« Die Fee lädt dich ein, dich hin und her zu wiegen, mit dem Gleichgewicht zu spielen.

Affirmation: Ich traue meinen Entscheidungen.

29 Star of Bethlehem, Doldiger Milchstern, Ornithogalum umbellatum

Blütenbotschaft:
Trost

»Die weißen sechszackigen Sterne mit kleinen Krönchen verbreiten Harmonie und Kraft, die jeden emotionalen Schock auflösen können, der z. B. durch eine schlechte Nachricht, einen Unfall oder einen Verlust ausgelöst worden ist. *Star of Bethlehem* tröstet und überzeugt dich davon, dass alle Wunden, auch alte, wieder heilen dürfen.« Die Fee lädt dich ein, die Dinge um dich herum zu beschreiben: Wie sie aussehen, sich anfühlen, sich anhören usw.

Affirmation: Ich weiß mich getröstet.

30 Sweet Chestnut, Edelkastanie, Castanea sativa

Blütenbotschaft:

Rettung

»Wenn seelische Not und Verzweiflung extrem groß geworden sind, ist der Wendepunkt zum Guten nahe. Nimm die Schwingung der lichtsprühenden Kätzchen und warmen Farbtöne in dich auf. Lasse dich von *Sweet Chestnut* in der Hoffnung bestärken, dass es wieder weitergeht.« Die Fee lädt dich ein, den Kopf zu heben und tief durchzuatmen. Verbinde dieses bewusste Atmen damit, dich innerlich mit hellem Licht aufzutanken.

Affirmation: Ich glaube an Rettung.

31 Vervain, Eisenkraut, Verbena officinalis

Blütenbotschaft:

Ausgleich

»Im Gegensatz zu den hoch aufgeschossenen Stängeln sehen die kleinen rosa Blüten zurückhaltend aus. Sie zeigen dir auf, dass du Ziele und Ideale in aller Ruhe erreichen kannst, ohne übertreiben zu müssen. Mit *Vervain* gelingt es dir leichter, deinen übereifrigen Energieeinsatz für eine gute Sache zu mäßigen. Du musst dann andere nicht mehr ›missionieren‹.« Die Fee lädt dich ein, ruhig zu atmen und in deinem Brustkorb Weite zu spüren.

Affirmation: Ich bin maßvoll.

32 Vine, Weinrebe, Vitis vinifera

Blütenbotschaft:
Rücksicht

»Die Weinrebe, die an andern Pflanzen hinaufrankt, ist ein Sinnbild für Dominanz. In der grünen Farbe der Blüten, der Herzensschwingung, liegt positive Kraft. *Vine* besänftigt den Drang, sich unbedingt durchsetzen, immer allein bestimmen und recht haben zu wollen. Sie unterstützt dich darin, großmütig zu sein und deine Stärke so einzusetzen, dass sich auch andere frei entfalten können.« Die Fee lädt dich ein, Verspannungen in deinem Körper durch weiche Bewegungen und Streicheln zu lockern.

Affirmation: Ich lasse andere gelten.

33 Walnut, Walnuss, Juglans regia

Blütenbotschaft:

Unbefangenheit

»Der Baum ist umgeben von einem aromatischen Duft, der Insekten und Vögel abweist, damit die windbestäubten Blüten sich ungestört entwickeln können. *Walnut* schirmt auch dich vor hinderlichen Einflüssen ab. Dann machst du in Zeiten der Veränderung leichter den Schritt ins Neue und stehst zu der von dir getroffenen Entscheidung.« Die Fee lädt dich ein, in einer Bewegung zu erstarren und diese dann bewusst fortzusetzen.

Affirmation: Ich gehe unbefangen vorwärts.

34 Water Violet, Sumpfwasserfeder, Hottonia palustris

Blütenbotschaft:

Verbindung

»Die blasslila blühenden Stängel, die aufrecht aus dem Sumpf ragen, deuten auf einen Seelenzustand hin, der zwar selbstsichere Zurückgezogenheit, aber auch fehlende Kontakte repräsentiert. Mit *Water Violet* fällt es dir leichter, auf andere zuzugehen, Verbindung aufzubauen und dich dazugehörig zu fühlen.« Die Fee lädt dich ein, deine Gefühle mit Gesten oder Bewegungen auszudrücken.

Affirmation: Ich bin mit anderen verbunden.

35 White Chestnut, Rosskastanie, Aesculus hippocastanum

Blütenbotschaft:

Ruhe

»Quälen dich ständig kreisende Gedanken und innere Gespräche, so hilft dir *White Chestnut.* Die gekräuselten weißen Blüten und langen Staubfäden stoppen das Gedankenkarussell. Du findest wieder Frieden und bekommst einen klaren Kopf. Tagsüber kannst du dich auf den Moment konzentrieren, bei Nacht gut schlafen.« Die Fee lädt dich ein, spielerisch jene Körperhaltung herauszufinden, in der du tiefe Ruhe empfindest.

Affirmation: Ich fühle mich ruhig und klar.

36 Wild Oat, Waldtrespe, Bromus ramosus

Blütenbotschaft:

Entscheidung für das Wesentliche

»Wenn du dich darum sorgst, deine Berufung zu verfehlen, weil du vieles ausprobierst und dich nicht festlegen kannst, so kommt dir *Wild Oat* zu Hilfe. Das Gras mit den hohen Stängeln, von denen in weiten Bögen die Blütenrispen herabhängen, erweckt den Eindruck, richtungslos zu sein, aber es ist wendig und stabil. Diese Eigenschaften werden in dir gestärkt, sodass du leichter das zu dir Passende und für dich Sinnvolle erkennen kannst.« Die Fee lädt dich ein, zunächst absichtslos umherzugehen und danach bestimmt auf ein Ziel zuzusteuern.

Affirmation: Ich kenne meine Richtung.

37 Wild Rose, Heckenrose, Rosa canina

Blütenbotschaft:

Lebendigkeit

»Wenn du gelegentlich resignierst und apathisch bist, wird *Wild Rose* dir Antrieb geben, dich erneut selbst für dein Wohlbefinden einzusetzen. Der Strauch schmückt sich im Juni mit zarten rosa Blüten und grünen Blättern in Hülle und Fülle an seinen meterlangen Ästen. Diese vitale und schöne Ausstrahlung geht auf dich über. Du wirst wieder großherzig, abenteuerlustig und motiviert.« Die Fee lädt dich ein, deine Lebensfreude zum Ausdruck zu bringen, z. B. zu singen und zu tanzen.

Affirmation: Ich liebe das Leben.

38 Willow, Gelbe Weide, Salix vitellina

Blütenbotschaft:

Zustimmung

»Manchmal findest du, das Leben sei ungerecht und andere wären an allem schuld. *Willow* ist für dich da, um Verbitterung und Widerstand aufzulösen, damit du mit deinem Schicksal Frieden schließen kannst. Dann fühlst du dich so flexibel und heiter wie die biegsamen Zweige, die mit länglichen Aprilkätzchen und Blättern winken. Du nimmst an, was kommt, und gibst dein Bestes.« Die Fee lädt dich ein, mit schaukelnden Bewegungen langsam durch den Raum zu tanzen.

Affirmation: Ich bejahe meine Aufgaben.

39 Rescue Remedy, Erste-Hilfe-Mischung

Blütenbotschaft:
Sicherheit

»Du wirst sogar in der größten Not aufgefangen. Die Kräfte der fünf Blüten verbünden sich und nehmen dich in ihren Kreis auf.«

Affirmation: Ich fühle mich sicher.

Dr. Bach stellte die Kombination speziell für Notfallsituationen zusammen. *Impatiens* (18) löst den Stress auf und macht dich geduldig, *Cherry Plum* (6) hilft dir, trotz großen Drucks wieder souverän und ruhig zu sein, *Star of Bethlehem* (29) entspannt und tröstet dich bei Schock, *Rock Rose* (26) schenkt dir bei panischem Schrecken das Gefühl, liebevoll beschützt zu sein, und *Clematis* (9) vermittelt dir, bewusst und geerdet zu sein.

Dank

Meiner Tochter Maria Kraze danke ich herzlich für die Unterstützung und Beratung in den grundlegenden botanischen Belangen und Naturerfahrungen.

Literatur

- Alber-Klein, Cordelia/Hornberger, Regina: Bach-Blüten und 52 neue Blütenessenzen. Reise Know-How, Bielefeld 2002
- Bach, Dr. Edward: Gesammelte Werke. Aquamarin, Grafing 1988
- Barnard, Julian/Barnard, Martine: Das Bach-Blüten-Wunder. Heyne, München 1989
- Kraaz, Ingrid/Wulfing von Rohr: Das Original-Bachblüten-Farbkarten-Set. AG Müller, Neuhausen 1989
- Maly, Ilse: Bachblüten als Chance und Hilfe. Ilse Maly, Salzburg 1991
- Neumayer, Petra/Stark, Roswitha: Medizin zum Aufmalen 2. Mankau, Murnau 2008

Über die Autorin

Irene Drexler kam mit den Bachblüten 1986 in Berührung, als sie eine entsprechende Ausbildung bei Johanna Bosch in Wien absolvierte. Von ihrer Schwester Eva, die sich seinerzeit bereits mit Energetik und Blütenessenzen befasste, erhielt sie viele wertvolle Anregungen zum Thema.

Seitdem wurde die Autorin von den Bachblüten begleitet, die sie als Hilfsmittel für die seelische Entwicklung und Bewältigung aller Lebensthemen betrachtet. 2005 schuf sie die 39 Aquarellbilder dieses Kartensets. Es war ihr ein Anliegen, die Botschaften visuell und intuitiv leicht zugänglich zu gestalten.

Themenübersicht